LETTRE

A M. GOBLET

SUR

LE TRIOMPHE

DE

L'IMMACULÉE CONCEPTION

ET

LA FIN PROCHAINE

DE

LA RÉPUBLIQUE

PAR

UN PATRIOTE CHRÉTIEN.

JANVIER 1887.

Tous droits réservés.

LETTRE

A M. GOBLET

LETTRE

A M. GOBLET

SUR

LE TRIOMPHE

DE

L'IMMACULÉE CONCEPTION

ET

LA FIN PROCHAINE

DE

LA RÉPUBLIQUE

PAR

UN PATRIOTE CHRÉTIEN.

<hr>

1887.

Tous droits réservés.

Spécimen tiré à 100 exemplaires.

LETTRE A M. GOBLET.

I. L'Immaculée Conception et M. Goblet. — II. Les Nombres et le Langage numérique bases de mes travaux. — III. Le Langage numérique et le titre de ma Brochure. — IV. Le Langage numérique et les nombres de ma formule ou Clé numérique. — V. Le Langage numérique et les Apparitions de la Salette et de Lourdes. — VI. Le Langage numérique et le Pouvoir temporel. — VII. Le Langage numérique et la Monarchie française. — VIII. Quand et Comment ? — IX. Conclusion. — X. Trois Prophéties. — XI. Post-Scriptum pour les Catholiques. — XII. Note justificative très importante. Superstition et Fatalisme. Encore la Guerre et le Chapelet, et leur expression numérique. — Le Christ et l'Immaculée, etc.

I.

L'IMMACULÉE CONCEPTION ET M. GOBLET.

J'ai l'honneur de vous adresser en forme de lettre, Monsieur le Ministre, un chapitre d'un travail qui paraîtra plus tard et sera intitulé : « *Le Triomphe de l'Immaculée Conception.* » Je le donne en attendant mieux comme un avertissement pour vous, un encouragement à ceux qui n'attendent le salut de la France que de la prière persévérante et un signe de ralliement pour tous les hommes de bonne volonté.

Je n'espère assurément point opérer la conversion de Votre Excellence, Monsieur le Ministre, mais j'aurai pour me consoler de cette infortune prévue la joie que la perspective d'une prochaine délivrance va causer aux catholiques, à ceux du moins que l'esprit du siècle n'empêchera pas de croire à mes paroles ; car il y a parmi nous des sages qui, sans se bien rendre compte de cette infirmité, ont cessé de croire *pratiquement* au surnaturel dans les temps modernes. Il faut pourtant un prodige et un grand prodige, ne leur déplaise et ne vous déplaise, pour empêcher une société frivole et affolée de consommer son suicide, pour empêcher l'électeur abusé de livrer à l'impiété française et cosmopolite son pays, sa religion, sa liberté, sa bourse et ses enfants, pour préserver la foi des ignorants et confondre l'orgueil des savants : *il faut en un mot que l'incrédulité moderne soit humiliée*, et elle le sera.

Vous voilà, Monsieur le Ministre, Président du Conseil, et un premier Ministre, toujours et partout très puissant pour le bien ou pour le mal, suivant que l'orientation de sa politique est bonne ou mauvaise, peut à peu près ce qu'il veut dans un pays où la Constitution fait au chef de l'Etat un rôle par trop semblable à celui de Ponce-Pilate. Or, l'orientation politique du parti républicain est mauvaise, précisément parce qu'elle vient du Grand-Orient. Le programme républicain ne diffère en rien de celui de Voltaire et de la Franc-Maçonnerie, et la devise officielle du parti serait : « *Ecr∴ l'Inf∴*, » si ses intérêts lui permettaient de jeter bas le masque jusqu'ici jugé nécessaire à la réussite de son plan général de *déchristianisation* ; car Celui que l'on entend par l'Inf∴ c'est, vous le savez comme moi, Monsieur le Ministre, ce Christ que la France non officielle adore encore et veut toujours adorer. Mais, grâce à votre franchise personnelle, la France saura désormais où on la mène.

C'est bien de cette devise abominable que s'inspirèrent et Hérold, le décrocheur de Christs, et Gambetta, le fougueux ennemi du cléricalisme, et Paul Bert, l'irréconciliable adversaire du « *phylloxera noir.* » Ils sont morts, il est vrai, morts tous les trois misérablement ; mais n'est-ce pas de la même devise que s'inspirèrent et M. Jules Ferry, en rédigeant son fameux article 7, et M. de Freycinet, en rédigeant le décret du 30 mars ; et ne vous en êtes-vous pas inspiré vous-même, Monsieur le Ministre, en disant au Sénat que vous vouliez « *séparer la morale de la religion,* » dans cette séance mémorable du 4 février 1886, où le rapporteur de la loi sc...olaire, M. Ferrouillat, faisait lui aussi acte d'apostasie en avouant sans détours qu'on enseignerait dans les écoles publiques « *la Trinité républicaine* » et « *les devoirs envers le Dieu de la Religion naturelle, non de la Révélation ?* »

Le trio Ferry, Freycinet et Goblet vaut-il mieux que le trio Hérold, Bert et Gambetta ? L'article 7, quoique rejeté, le décret du 30 mars et la loi sc....olaire ne sont-ils pas des titres impérissables à la gratitude des loges et à l'implacable hostilité des catholiques ? Puisse la crainte salutaire du radicalisme et du ressentiment du Czar écarter à jamais du pouvoir MM. Floquet et Clémenceau et établir un roulement nécessaire entre MM. Ferry, de Freycinet et vous !

Je ne sais lequel de ces Messieurs est *dignus* ou *dignior*, mais vous êtes assurément *dignissimus*, Monsieur le Ministre ; vous êtes le plus digne d'enterrer civilement la République. Quelle joie pour nous, catholiques, si nous pouvions la voir périr aux mains de l'auteur de la loi sc....olaire, de l'adversaire de N.-D. de Lourdes et de la Salette !

Cette joie, nous l'aurons peut-être, Monsieur le Ministre ; vous avez, dans la séance précitée du Sénat, lancé une sorte de défi à l'Immaculée Conception en traitant de « *tristes superstitions,* » vous, Ministre des cultes, le culte légitime qu'on lui rend à la Salette et à Lourdes, et l'Immaculée Conception a relevé votre défi en vous faisant premier Ministre au jour de *sa fête* (8 décembre) ; inébranlable dans vos résolutions le matin, vous cédiez le soir sur l'intervention perfide de M. Floquet, avocat de l'Immaculée Conception. Vous vous croyiez, peut-être, à ce moment-là, vainqueur de N.-D. de la Salette, et vous étiez au contraire prisonnier de N.-D. de Lourdes, condamné à prendre le pouvoir sans budget, sans majorité dans le Parlement, réduit à vivoter au jour le jour par la grâce de M. Clémenceau, qui vous fera payer cher ses complaisances, jusqu'au jour de la culbute.... Puisse Marie, que vous avez sottement provoquée, hâter ce jour béni, car nous savons *par expérience*, Monsieur le Ministre, ce que nous devons attendre du système *d'éducation républicaine* ou *civique* prôné par vous et vos amis, joint aux excitations d'une presse indigne : c'est en l'appliquant *d'avance dans la mesure possible* que vous et vos prédécesseurs au département de l'Instruction publique avez réussi à porter en peu de temps de 7 à 23 mille (1) par an le nombre des crimes et délits commis par des *mineurs*.

Ne craignez pas, Monsieur le Ministre, que l'Eglise réclame jamais une part quelconque de cette augmentation sans exemple de la criminalité chez les *jeunes*. Toujours routinière, *l'Eglise continue d'enseigner la vieille morale*, et tout l'honneur d'un pareil succès appartient incontestablement aux républicains inventeurs de la morale laïque, aux prôneurs des idées anti-cléricales : L'ACCROISSEMENT PRODIGIEUX DU DÉVERGONDAGE ET DE L'IMPIÉTÉ ET LE DÉBORDEMENT DU CRIME sont *le fait de la République :* ce sont les fruits naturels de « *l'enseignement des* » *doctrines* de la majorité » (2) et des « *propres concep-* » *tions* » (3) *de* ceux qui, comme vous, Monsieur le Ministre, et comme votre collègue de l'Instruction publique ont résolu d' « *affranchir le peuple de la tutelle de* » *l'Eglise* » (4) et des « *servitudes de l'ignorance et de*

(1) Ne sachant plus les nombres exacts, j'ai augmenté le premier et diminué le second, pour éviter le reproche d'exagération.

(2) Discours de M. Goblet au Sénat, 4 février 1886.

(3) Même discours.

(4) Discours de M. Goblet au Palais-Bourbon, 26 octobre 1886. Paroles textuelles de M. Goblet : « Vous voulez le peuple sous la » tutelle paternelle et bienveillante sans doute de l'Eglise et des » patrons obéissant à l'Eglise, tandis que nous, nous voulons le

» *la superstition,* » (1) en lui conférant « *le triple*
» *sacrement de l'obligation,* de *la gratuité* et de *la laï-*
» *cité.* » (2)

Tel est, Monsieur le Ministre, le langage *officiel* en
France à notre époque ; mais le peuple n'entend rien à vos
théories soi-disant philosophiques ; il en tire du premier
coup les conséquences extrêmes, et vous auriez bientôt fait
de la France de saint Rémi, de sainte Geneviève, de
saint Louis et de Jeanne d'Arc un repaire de bandits et
de bêtes féroces, si l'avenir vous appartenait ; mais la
France est à Marie, Monsieur le Ministre : *regnum Gal-
liæ, regnum Mariæ.* La Vierge de la Salette et de Lourdes
a pris *ses précautions, et elle veille.*

II.

LES NOMBRES ET LE LANGAGE NUMÉRIQUE
BASES DE MES TRAVAUX.

Me voici malheureusement obligé de parler de ma personne, ou plutôt d'une aventure personnelle. Je le regrette
d'autant plus qu'il s'agit d'une remarque qui remonte aux
premières années du régime actuel et rencontrera d'autant
plus d'incrédules, même parmi les catholiques sages, que
j'entends me borner ici à dire l'indispensable.

Je crus, il y a déjà bon nombre d'années, voir dans certains évènements des signes avant-coureurs de la paix
religieuse annoncée par plusieurs saints personnages
comme devant suivre de près la proclamation du dogme de

» peuple libre et affranchi, affranchi de *toute* tutelle. » Hélas !
M. Goblet devrait savoir qu'il y a dans nos grandes villes, et
même dans les petites, des centaines de mille, pour ne pas dire
des millions d'individus *très affranchis* de l'Eglise, et qui n'en
sont pas plus faciles à gouverner, même en République. M. Goblet
pourrait bien s'en apercevoir un jour.

(1) Discours de M. Berthelot, ministre de l'Instruction publique,
à l'enterrement de M. Paul Bert, 15 janvier 1887.

(2) Même discours.

l'Immaculée Conception, et je résolus un peu témérairement, je le confesse, d'écrire « *le Triomphe de l'Immaculée Conception* » que je croyais proche.

Sous l'empire de cette idée, mon attention se porta sur une série de phénomènes de l'ordre physique correspondant à des crises parlementaires *de même durée*, et j'en composai une formule de cinq nombres, comme il suit : 41 + 29 + 9 + TANT + TANT égalent TANT.

Je réserve les deux derniers nombres et la somme *avec mes explications complémentaires sur l'origine de la formule* jusqu'à la publication de la brochure entière, et j'indiquerai alors les journaux où l'on pourra contrôler minutieusement mes dires. Veuillez bien en attendant, Monsieur le Ministre, prendre note des trois premiers nombres, qui me serviront tout à l'heure à vous démontrer par A + B que *l'heure est proche.*

Quoique l'origine et la composition de ma formule numérique ne me permissent pas de douter qu'elle ne fût destinée à résoudre plusieurs problèmes liés au triomphe de l'Immaculée Conception, je passai plus de dix années à chercher la date de l'accomplissement de mes prévisions, parce que l'heure n'était pas venue. L'inutilité de mes recherches sous ce rapport avait fini par ébranler ma constance, et j'allais, peut-être, renoncer à mon entreprise, quand je trouvai tout-à-coup la solution.

Nous lisons, Monsieur le Ministre, au verset 21 du chapitre XI de la Sagesse que Dieu a disposé toutes choses *avec poids*, AVEC NOMBRE et *avec mesure, in mensura, in numero et pondere*, et cette vérité n'apparaît nulle part plus évidente que dans la constitution du firmament, dont vous parliez avec tant de jactance au Sénat dans la séance du 4 février 1886.

Les auteurs sacrés n'ont pas attendu le livre de votre collaborateur, M. Buisson, pour célébrer les beautés du firmament. David, notamment, a dit en un magnifique langage, près de trois mille ans avant lui, que « *les cieux annoncent la gloire de Dieu,* » et que « *le firmament trahit son origine divine,* » *cœli enarrant gloriam Dei et opera manuum opus annuntiat firmamentum. (1)*

J'ouvre ici une parenthèse, Monsieur le Ministre, pour vous rappeler que David était *spiritualiste* et *monothéiste* comme ses devanciers Moïse, Abraham, Noé, etc., *nos ancêtres dans la foi*, et qu'il n'est pas permis de soutenir, comme vous l'avez fait, que le spiritualisme de Platon et d'Aristote soit « *plus ancien que nos croyances* ; » soit dit sans offense pour ces génies qui, s'ils vivaient à notre époque, ne parleraient pas comme les Ministres de la République française. L'Eglise catholique remonte à Adam, Monsieur le Ministre, et je devais protester contre le langage d'apostat tenu au Palais-Bourbon le 26 octobre 1886 par *le Ministre des Cultes*. (2) C'est fait et je reviens à mes moutons.

Les œuvres de Dieu étant fondées sur le nombre, principalement dans l'ordre physique, je le reconnais, et mes espérances de réussite reposant sur une formule numérique, il était rationnel de demander *au nombre la date*, et *au langage numérique la définition* des évènements attendus ; c'est ce que j'ai fait avec un succès que le lecteur même incrédule devrait, ce me semble, reconnaître sans détours, « après lecture. »

Qu'est-ce que le langage numérique ? Sur quoi est-il fondé ? Le langage numérique *français*, et il n'y en a pas d'autres, (3) est fondé sur *la valeur numérique* des lettres de l'alphabet français, suivant le rang que chacune occupe dans cet alphabet : A vaut 1, B vaut 2, etc., jusqu'à Z, qui vaut 25. C'est une invention de Dieu pour démontrer aux

(1) Ps. XVIII. — 2.

(2) Paroles textuelles de M. Goblet : « *Avez-vous donc oublié que le spiritualisme est plus ancien que* **vos** *croyances ? Il remonte à Aristote et à Platon.* »

(3) Ceux qui seraient tentés de s'insurger contre cette assertion ne manqueront pas de besogne en 1889, après la publication de la brochure complète, où je leur proposerai un problème de premier ordre à résoudre en telle langue qu'il leur plaira.

libre-penseurs qu'ils ont la vue courte, pour confondre par le nombre les adorateurs de *la souveraineté du nombre*, c'est-à-dire de *la force* ; c'est une gloire jusqu'ici inconnue de la langue française, un privilège providentiellement réservé à la Fille aînée de l'Eglise, *un* des moyens qui lui ont été ménagés pour rétablir son ancien prestige. Dieu a tant aimé ses Francs, *le peuple choisi de la Nouvelle Alliance*, qu'il a daigné veiller sur la formation de leur langue *dans la mesure nécessaire à l'accomplissement d'un grand dessein*, je veux dire au *Triomphe de l'Immaculée Conception*.

Je dis dans la mesure nécessaire, d'où il suit que le langage numérique est essentiellement *limité*, et que toute tentative de le détourner de son BUT PROVIDENTIEL *aboutirait fatalement à l'absurde. (1).*

Mais comment se tenir dans les limites du langage numérique vrai ? Comment distinguer le bon grain de l'ivraie ; la vérité de l'erreur ? En se gardant soigneusement de jamais *asservir l'idée au nombre ;* en langage numérique vrai, *c'est le nombre qui sert l'idée*, en qualité de *témoin*, de preuve providentielle d'une idée juste, d'une vérité liée au *Triomphe de l'Immaculée Conception*, et *la concordance* des divers témoignages qui donne à ces témoignages la force démonstrative et probante. Tels sont les principes qui m'ont guidé dans mes travaux ; mais j'admets bien volontiers qu'il est nécessaire de joindre la pratique à la théorie pour convaincre le lecteur, et je m'empresse de le faire en commençant par le commencement.

(1) Il est toujours facile de faire dire des absurdités à un nombre un peu considérable ; mais le problème consiste à lui faire dire *ce qu'on a besoin qu'il dise pour soutenir un* **raisonnement**, *et non pas un* **déraisonnement**.

III.

LE LANGAGE NUMÉRIQUE ET LE TITRE DE MA BROCHURE.

Quand un homme de guerre veut s'assurer la victoire, il enrôle des soldats nombreux, jeunes et exempts d'infirmités, les exerce longtemps et leur met en mains les armes les plus perfectionnées. L'on en est aujourd'hui à *la mélinite*, à *la roburite* et *au fusil à répétition*. La Prusse a employé un demi-siècle à préparer ainsi ses victoires de Sadowa et de Sedan, et Marie n'a pas mis moins de temps à préparer les siennes, tout en procédant d'une manière différente. Elle a établi, il y a cinquante ans, dans la capitale, à N.-D.-des-Victoires, un bureau principal de recrutement, où l'on enrôle sans distinction les femmes, les enfants, les vieillards, les borgnes, les aveugles, les manchots, les boiteux, et en petit nombre les hommes valides. Je fais moi-même partie des écloppés et je connais mon numéro matricule. Mais si notre armée est physiquement faible et disparate, nous avons pour nous la foi, l'enthousiasme des *volontaires ;* nous servons par amour, et Marie nous a donné une arme légère et perfectionnée en laquelle nous avons toute confiance, une arme qui ne rate jamais et qui vaincra le monde, Monsieur le Ministre, c'est *le chapelet.... à répétition !* Ce fut cinquante ans, jour pour jour avant le 3 décembre 1886, avant *la journée des sous-préfets*, que Marie inspira au vénérable curé de N.-D.-des-Victoires (1) l'idée d'établir dans sa paroisse « *l'Archiconfrérie pour la conversion des pécheurs,* » et on terminait le 3 décembre dernier à N.-D.-des-Victoires *le triduum* célébré à l'occasion de l'anniversaire demi-séculaire de l'heureux évènement du 3 décembre 1836. Or, le 3 décembre 1836, comme le 4 décembre 1886, jour où *l'Officiel* annonçait à la France l'ouverture de la succession de M. de Freycinet, était le **338ᵉ** jour de

____

(1) M. l'abbé Dufriche-Desgenettes.

l'année, **338**, « *le Triomphe de l'Immaculée Conception !* » Vous voyez bien, Monsieur le Ministre, que *c'est le nombre qui sert l'idée*, comme je le disais tout à l'heure, et c'est tout simple, puisqu'il y a une *Providence*. Le nombre 338 est une vieille connaissance que j'ai rencontré maintes fois sur ma route et que je salue avec bonheur, parce qu'il confirme une fois de plus *un titre déjà vieux* de quinze ans. (1)

IV.

LE LANGAGE NUMÉRIQUE ET LES NOMBRES DE MA FORMULE NUMÉRIQUE.

Je ne puis livrer prématurément au public la signification des cinq nombres de ma formule. Je me bornerai à faire remarquer : Premièrement, que *je ne les ai pas choisis* ; deuxièmement, qu'ils m'ont servi à résoudre un grand problème ; troisièmement, que l'interprétation en était d'autant plus difficile qu'ils sont plus petits, ce qui est une garantie que l'interprétation est bonne. Tout a été interprété, même le nombre 9, et la somme. Le premier est le plus important ; il signifie **sang**... Les Prussiens se firent livrer **41** drapeaux français après le désastre de Sédan, **sang** !... Le colonel du 41ᵉ déchira le sien et en remit les lambeaux à ses soldats, **sang** !... M. de Bismark veut actuellement augmenter l'armée confédérée de **41** mille hommes, **sang** !... Mais je me hâte d'ajouter qu'il ne faut peut-être voir en tout cela qu'une **menace, 41**, car le nombre 41 a les deux significations, et Dieu menace toujours *conditionnellement*. N'avons-nous pas le chapelet ?... En tout cas, que nous ayons affaire avec la Commune ou avec la Prusse, la France *triomphera*, à la condition, bien entendu, de ne pas attaquer. Tout lecteur catholique attentif sera de mon avis, après m'avoir lu jusqu'au bout.

(1) Je me réserve de répondre *une fois* pour toutes plus loin au reproche de superstition.

V.

LE LANGAGE NUMÉRIQUE ET LES APPARITIONS DE LA SALETTE ET DE LOURDES.

Vous niez, Monsieur le Ministre, en langage messéant (1) surtout chez *un Ministre des Cultes*, que la Sainte Vierge soit apparue à la Salette et à Lourdes. Le R. P. Huguet, auteur d'un opuscule sur la Salette, (2) fait au contraire remarquer que « *cet évènement prodigieux ouvre le grand siècle de Marie,* » et j'ajouterai pour mon compte que c'est *la première bataille* de ce que l'on appellera un jour *la campagne de France* de Marie contre l'incrédulité moderne. C'était bien dans la 46e année du siècle, Monsieur le Ministre, qu'il convenait de livrer cette première bataille, et cela pour la gloire du nom de **Marie, 46** !

Marie, Monsieur le Ministre, a pris ses précautions *contre* les libre-penseurs, ou plutôt *en faveur* de ceux que l'orgueil n'empêchera pas de confesser la vérité. Elle a d'abord eu soin d'établir ce que j'appellerai *deux allusions numériques*, une à *la Salette* et l'autre à *Lourdes*. L'Immaculée est apparue à *la Salette*, et la preuve en est que les mots *Salette* et *Immaculée* n'ont qu'une seule et même expression numérique : **Salette** égale **82**, comme **Immaculée** égale **82**. *L'Immaculée* est apparue à *Lourdes*, et la preuve en est que les mots *Lourdes* et *l'Immaculée* n'ont qu'une seule et même expression numérique : **Lourdes** égale **94**, comme les mots **l'Immaculée** égalent **94**. Celle qui a dit à **Ber-**

____

(1) Paroles textuelles de M. Goblet dans la séance du 6 février 1886 au Sénat : « *Lourdes et la Salette n'étaient pas inventés* du vivant de M. de Tocqueville. » Est-ce assez injurieux pour l'évêque de Tarbes, qui a fait faire *une enquête extrêmement sévère*, et pour Sa Sainteté le Pape, qui *a fait couronner la statue* de N.-D. de Lourdes ?

(2) *Notre-Dame-de-la-Salette mieux connue.* 1857.

nadette (1) **94**, le 16 juillet 1858 : « *Je suis l'Imma-culée-Conception,* » ne veut pas en avoir le démenti, Monsieur le Ministre, et elle ne l'aura pas. Pour vous en convaincre, prenez seulement la peine de multiplier l'une par l'autre les deux dates des apparitions que vous contestez (19 septembre 1846 et 11 février 1858), et voyez si le nombre **209**, produit de 19 par 11, n'est pas l'expression numérique de *l'Immaculée Conception*, ou plutôt de **la Conception Immaculée**, car le nombre **208**, **l'Immaculée Conception**, n'est pas exactement divisible par 19 et par 11, et Marie, qui connaît mieux le français que vous, que moi, que le Ministre de l'instruction publique et tous les membres de l'Académie française, a eu recours à une sorte d'inversion pour éviter l'élision de la lettre a de l'article. N'est-ce pas français et de bonne guerre ?

Le langage numérique n'est pas le seul moyen de s'édifier sur Lourdes, Monsieur le Ministre. Que n'allez-vous à Lourdes au mois d'août prochain, à l'arrivée du « *train des malades,* » pour y faire examiner par des princes de la science médicale, *avant* et *après* son immersion dans la piscine, *chacun* des malades amenés là à grands frais par « *le Pèlerinage du Salut ?* » Voilà un moyen simple et pratique de confondre « *la Superstition ;* » mais vous ne l'emploierez pas, parce qu'il vous ôterait tout prétexte d'afficher sur les murs de France, aux frais des contribuables, vos outrages à N.-D.-de-Lourdes et aux catholiques.

VI.

LE LANGAGE NUMÉRIQUE ET LE POUVOIR TEMPOREL DU PAPE.

En quoi consistera « *le Triomphe de l'Immaculée Conception ?* Je pose la question au langage numérique, qui me répond : « **Le Triomphe de l'Immaculée**

(1) Le mot *Bernadette* est un abrégé de *Bernardette ;* ce fut le 16 juillet 1858, à la dix-huitième apparition, que **l'Immaculée 94** dit à **Bernadette 94** : « *Je suis l'Immaculée Conception.* »

Conception, 338, c'est « **le Monarque de l'Immaculée Conception,** » 338, *à la place qui lui appartient, sur* SON *trône.*

Or, il y a dans le monde une Monarchie vénérable entre toutes, une Monarchie sainte, sacrée, la Monarchie Pontificale, autrement dite *le Pouvoir Temporel.* C'est la clé de voûte de l'ordre dans le monde, et si Dieu, dans ses jugements impénétrables, l'a laissée tomber sous les coups de la Révolution, au risque d'ébranler tout l'édifice, il s'est réservé de la relever à son heure. Les droits du Pontife romain trouvent dans le nombre la sanction la plus explicite que l'on puisse désirer, et je la formule comme il suit :

Léon XIII (1) égale **59**

comme

Le Roi égale **59**.

Donc, **Léon XIII** égale **le Roi.** Voilà *le Roi de Rome,* Monsieur le Ministre, et il n'y en a pas d'autre.

C'est clair, parfaitement clair ; mais il y a, comme je l'ai dit en commençant, même parmi les catholiques, des gens qui ne peuvent plus croire *pratiquement* au merveilleux, au surnaturel, tant l'esprit du siècle a déteint sur eux à leur insu, et c'est pour ces catholiques *sages,* comme pour les libre-penseurs, que Dieu a voulu *souligner* en quelque sorte cette *égalité* numérique remarquable, en donnant au mot *égalité* la même expression numérique **59** ; de sorte que l'on peut formuler comme il suit les droits de Léon XIII :

Léon XIII égale **59**
comme   } **Egalité : 59** !
Le Roi égale....... **59**

La Providence n'a point fait ces choses *en vain,* Monsieur le Ministre, et son heure viendra, car s' « *il est nécessaire* que le scandale arrive, » il est non moins nécessaire qu'il finisse.

(1) Les chiffres romains sont comptés pour leur valeur numérique, 13.

2

VII.

LE LANGAGE NUMÉRIQUE ET LA MONARCHIE FRANÇAISE.

Il y a aussi une autre Monarchie sainte, une Monarchie *baptisée*..... par saint Rémy, et cette Monarchie doit revivre en même temps que la Monarchie pontificale, dont elle est comme *le complément* providentiel. Le Roi de France est à certains égards, comme le Souverain Pontife, **« le Monarque de l'Immaculée Conception, »** 338 ; il est **« Lieutenant de l'Immaculée Conception, »** 338, en même temps que « *Lieutenant du Roi des Cieux*, » suivant l'expression de Jeanne d'Arc parlant à Charles VII dans la salle du château de Chinon. Les légitimistes français ont longtemps espéré contre toute espérance humaine le rétablissement de cette Monarchie par un prince capable de la comprendre et vraiment digne de régner ; mais les habiles de la politique ont préféré livrer la France pieds et poings liés à la Révolution que de la remettre à *son Roi*. Je dis à *son Roi* ; car Dieu, en rappelant à lui ce grand prince repoussé par de faux sages, nous a laissé la preuve numérique de ses droits, et nous pouvons dire de Henri V comme de Léon XIII :

Henri V égale 59 }
    comme   **Egalité : 59 !**
Le Roi égale... 59 }

Donc, **Henri V** était **le Roi.**

Mais Henri V n'a pas régné, et Léon XIII ne règne pas ! Qu'importe ? Léon XIII n'est pas mort et l'un et l'autre ont des successeurs dignes d'eux. Nous savons le nom du successeur de Léon XIII ; il s'appellera « *Feu Ardent*, » et nous connaissons le nom comme la personne de celui d'Henri V. Le langage numérique est sur ce point d'une étonnante précision.

Philippe VII succède à Henri V
comme
le nombre **98** succède au nombre **97.**
Philippe VII égale 98
comme
Roi de France égale 98.

Donc, etc.

Sachez-le, Monsieur le Ministre, et vous, monarchistes découragés, **le Roi** et **la France** sont *unis comme leurs expressions numériques :*

Le Roi et **la France**. . . . . 59 et **60**
sont unis

Comme **le fiancé** et **la fiancée**. . **55** et **56** !
Comme **l'époux** et **l'épouse**. . . . . **92** et **93** !!
Comme **mari** et **femme**. . . . . . . **41** et **42** !!!

Il y a dans les quatre cas égalité de *rapports numériques à une unité près*, tout juste assez pour marquer *la distinction* entre des personnes ou des choses qui ne font pour ainsi dire qu'une seule et même personne, une seule et même chose. Et vous ne voyez pas que « *le Doigt de Dieu est là !* »

La Monarchie française sortira du tombeau où la Révolution croit l'avoir couchée pour toujours le 21 janvier 1793. Elle en sortira rajeunie, transfigurée en quelque sorte, et telle qu'elle doit être, *une juste pondération des droits et devoirs réciproques du Roi et du Peuple*, sous le regard de Dieu.

La Monarchie vraie, chrétienne, diffère essentiellement de *l'Absolutisme* royal et du *Césarisme* impérial ou républicain, en ce qu'elle repose sur *la force du droit*, non sur *le droit de la force* ou *du nombre*, ce qui est tout un. C'est *le droit divin pour tous*, même pour les minorités. Sous ce régime de saine liberté, la France n'aurait pas vu un grand roi révoquer *l'Edit de Nantes* (1) et un haut fonc-

(1) Je crois que les protestants avaient un droit acquis et que le Roi devait se borner à faire respecter les lois.

tionnaire républicain, qui eût rougi de fléchir le genou devant le Dieu de l'Eucharistie, brûler de ses mains officielles son encens d'apostat devant *l'autel des idoles*, dans une pagode annamite. (1) Ce régime ferait d'autant meilleur ménage avec le « *suffrage universel honnêtement pratiqué*, (2) que celui-ci ne donnerait pas à ses élus mandat de *créer un droit arbitraire* à l'usage de « *l'Etat majorité*, » mais de contrôler sérieusement l'emploi des deniers publics et de concourir avec le Roi à la confection de lois *justes et conformes au Pacte fondamental*. Les ministres *administreraient* et le Roi *régnerait et gouvernerait*, assisté d'un Conseil Privé de douze membres, astreints au secret d'Etat et nommés *à vie* par le Roi dans certaines catégories, (3) **d'accord** *avec le Peuple consulté*. Ce serait un *gouvernement de principes*, non *un* « *gouvernement d'opinion*, qui ressemble de si près à *un gouvernement de girouettes*, » au dire de M. Jules Simon,

(1) *L'Univers* du 26 janvier, qui rapporte le fait, ajoute que M. Paul Bert faisait publier le lendemain dans un journal d'Hanoï que « *le Ciel avait été favorable à ses prières en accordant la pluie désirée*. » Voilà les gens qui se moquent de nos *processions des Rogations !* Ils demandent la pluie *aux idoles !*

(2) Ce sont les paroles de M. le comte de Chambord : « *Honnêtement pratiqué*, » c'est-à-dire *moralisé et réformé*. La première réforme qui s'impose, à mon avis, c'est de confier *la vérification des pouvoirs des élus* aux tribunaux ordinaires, qui statueraient sur la plainte des parties lésées. La crainte des *amendes* et des *indemnités* rendrait circonspects les moins scrupuleux, et l'on ne verrait pas se produire au dernier moment ces honteuses manœuvres qui faussent les scrutins et demeurent impunies. Je me demande à ce propos s'il ne vaudrait pas mieux supprimer tous les tribunaux *d'exception*. La justice est le premier besoin d'un peuple, après la nourriture et le vêtement.

(3) On pourrait composer ce Conseil de deux magistrats, deux ecclésiastiques, deux militaires, deux marins, deux industriels et deux grands propriétaires.

qui doit s'y connaître, (1) pour avoir vu ses amis à l'œuvre.

VIII.

QUAND ET COMMENT ?

Comment s'accomplira cette étonnante révolution religieuse et politique, prédite par plusieurs saints personnages, et que j'appelle « *le Triomphe de l'Immaculée Conception ?* » Cela dépendra de l'ardeur des troupes de Marie, de l'usage qu'elles feront de l'arme du chapelet... J'incline pour le caractère pacifique de cette révolution, malgré les gros nuages qui assombrissent l'horizon politique, et quoiqu'il n'y ait guère à compter sur les hommes. N'avons-nous pas vu en 1870 et 1873 ce qu'ont fait *les Puissances* pour sauver le Pouvoir Temporel, et nos députés pour sauver la France ?

Mais il faudrait un prodige ? Peut-être. Au surplus, ce prodige n'est-il pas annoncé depuis longtemps, et le bras de Dieu serait-il raccourci depuis que le Christ est officiellement banni du monde ? Est-il plus difficile à Marie *(c'est aux catholiques que je m'adresse, Monsieur le Ministre)* de parler *à des foules, même hostiles,* qu'à des enfants simples et naïfs, comme à la Salette et à Lourdes ? Dieu n'a-t-il pas *le choix des moyens* pour imposer au besoin sa volonté, même aux sectaires les plus fanatiques ?

On me dira que c'est peu probable. Qu'en sait-on ? Le miracle n'est jamais plus probable et plus opportun que quand il est audacieusement nié. « Le coup d'Etat dans l'ordre divin, » dit le P. Ayroles dans son beau livre *Jeanne d'Arc sur les Autels,* « c'est le miracle. Le coup d'Etat est *rare* de sa nature, mais il peut *parfois* être le seul moyen de salut pour un peuple. Ainsi en est-il du miracle proprement dit. Le solliciter dans la mesure où il est nécessaire, en laissant à Dieu le soin de l'opérer

(1) *Gazette de France* du 27 janvier, reproduisant un article de M. J. Simon.

comme il l'entend, s'efforcer de le mériter, l'attendre, est parfaitement conforme à la foi et à la raison. *N'est-ce pas le cas de l'heure présente ?* »

Le P. Ayroles écrivait cela en 1885.

J'ajoute pour ma part que l'intervention *visible* ou *cachée* de Dieu n'est jamais plus *certaine* que quand tout semble plus désespéré pour son Eglise, et ce qui est vrai pour l'Eglise l'est dans une certaine mesure pour la France, son bras droit, son appui providentiel. N'avons-nous pas dans nos annales un mémorable exemple d'intervention divine *visible ?* C'est en vain que la Libre-Pensée voudrait ravaler notre héroïne nationale en reléguant sa *mission* providentielle dans le domaine de la légende. Jeanne d'Arc appartient par sa vie à *la fin* de l'histoire du Moyen-Age, et par son *procès de réhabilitation* à l'histoire *moderne*. C'est dans la sentence rendue à Rome en 1455, deux ans après la prise de Constantinople par les Turcs et vingt-quatre ans seulement après sa mort, c'est dans les pièces du procès de réhabilitation et dans les dépositions des cent trente témoins oculaires et auriculaires qu'il faut étudier la vraie Jeanne d'Arc, calomniée par des prêtres gallicans vendus à l'Angleterre, et défigurée à plaisir par la Libre-Pensée. C'est là et non dans les allégations mensongères de l'indigne évêque Cauchon et de ses complices, qu'il faudrait étudier la Pucelle, pour comprendre *ce que Dieu a fait pour la France*, ce qu'il ferait encore, *si un second coup d'Etat était nécessaire.* La Pucelle, Monsieur le Ministre, n'est pas un mythe légendaire, antédiluvien, c'est un personnage *historique*, *moderne*, dont nous sommes séparés par quatre ou cinq vies de centenaires, pas davantage.

Quand s'accomplira, *d'une manière ou d'une autre*, cette révolution? Je serai sur ce point aussi explicite que possible, sans dire toutefois ce que je crois, *peut-être à tort*, savoir touchant l'époque précise. Aussi bien, comptez vous-même, Monsieur le Ministre, à l'aide des trois premiers nombres de ma formule :

41 ans après la « superstition de la Salette » (19 septembre 1846).

29 ans après « la superstition de Lourdes » (11 février 1858).

9 ans après l'élection du Chef *de la superstition romaine* (20 février 1878).

La première échéance aura lieu le 11 février prochain, la deuxième le 20 du même mois, et la troisième le 19 septembre suivant.

Vous croyez sans doute fermement, Monsieur le Ministre, au dieu de M. le rapporteur de la loi scolaire, au dieu Ferrouillat. Priez, priez bien ce dieu de la Libre-Pensée, et méfiez-vous de Celui des Chrétiens. Méfiez-vous du *Dieu en trois personnes*, du Dieu qui signe

111

Providence !

Méfiez-vous de cette Providence qui vous fait *commencer* la session de 1887 (réélection de M. Floquet) par un vote plein de promesses.... pour nous catholiques :

321.

Triomphe de l'Immaculée Conception !

IX.

CONCLUSION.

AUX CATHOLIQUES DE FRANCE.

De ce qui précède je conclus que nous verrons en 1887 (1) de grands évènements tendant au triomphe de l'Immaculée Conception. Le résultat final sera-t-il acquis à la fin de 1887 ? Je ne le pense pas. Quoique nous soyons à la fin de la seconde et *véritable* (2) **Guerre** *de Cent Ans*, le cycle révolutionnaire ne sera plein que le 14 Juillet 1889, si l'on fait dater la Révolution de la prise de la Bastille. Mais la crise finale commence en 1887. C'est

(1) Je dis 1887 *en général*, et non point aux dates ci-dessus.

(2) *La Guerre de Cent Ans* dura cent seize ans, de 1137 à 1453.

cette année qu'éclatera *la guerre* sur le Rhin ou en Orient, si nous devons avoir la guerre ; c'est l'année de **la Guerre — 87** ! (1) C'est la quarante-et-unième depuis l'apparition de la Salette : **41 : Sang, 41 : Alsace, 41 : Menace !** Mais M. de Bismark, qui a l'*Alsace*, et n'épargne pas *la menace*, s'en tiendra peut-être là, et nous épargnera *le sang*. Il a promis au Reichstag de ne pas attaquer la France, et il faut espérer que la République ne nous précipitera pas aveuglément dans la plus épouvantable mêlée que le monde ait encore vue... Prions Dieu qu'il éloigne de nous ce calice d'amertume, et revenons au parallèle que j'ai commencé à établir entre les deux guerres de *Cent Ans*.

Dans l'une et dans l'autre, la France est aux prises avec un ennemi puissant et tenace : l'Anglais dans la première, la Révolution dans la seconde.

Aux maux de la première se joignent *la peste noire* et *la Jacquerie* ; à ceux de la seconde, *le choléra* et *la Commune*.

Dans l'une et dans l'autre, l'ennemi met le Ciel contre lui en trempant ses mains dans le sang d'une noble et sainte victime. Si le sang de la Pucelle porta malheur aux Anglais, celui du Roi-Martyr *plaide toujours* au tribunal de la Justice divine pour son royaume de France.

A *la fin* de l'une et de l'autre, nous voyons deux princes de grand mérite, *du même nom* et de *même désinence numérique*, Henri V d'Angleterre et Henri V de France, aspirer inutilement à la couronne de France, et, surpris par la mort, céder la place à deux princes VIImes du nom, Charles VII (2) et Philippe VII.

(1) Les Libre-Penseurs pourront m'objecter que la présente année n'est pas exactement la 1887ᵉ depuis la naissance du Messie. Je le sais aussi bien qu'eux. J'ai traité la question à fond dans un chapitre de mon futur ouvrage, où je montrerai précisément *une autre* des raisons pour lesquelles Dieu a permis, ou peut-être voulu cette erreur de Denys-le-Petit.

(2) Henri V d'Angleterre laissait sa couronne à son fils

Dieu intervint d'ailleurs *visiblement* en faveur de Charles VII. Il intervient déjà par *les nombres* en faveur de Philippe VII, et il fera *peut-être* davantage, si la restauration ne peut se faire autrement.

En tous cas, la première guerre de Cent Ans commença sous Philippe VI, et la seconde finit à Philippe VII, *le premier Valois* et *le premier Orléans* appelés au trône de France *en vertu de la loi salique.* De même que Philippe VI succède à Charles IV, à l'exclusion d'un prince anglais (Edouard III), issu de nos rois *par sa mère*, Isabelle de France, de même Philippe VII succède à Henri V, à l'exclusion d'un prince espagnol *(Don Juan de Bourbon)*, dont les ancêtres renoncèrent à la couronne de France par le traité d'Utrecht, (1) et d'autres princes issus du sang royal de France *par les femmes.*

M. le Comte de Paris a donc été merveilleusement inspiré, au triple point de vue *historique, politique* et *numérique (ou prophétique)*, en prenant à la mort de M. le Comte de Chambord le titre de Philippe VII : il n'était pas possible de renouer plus heureusement la chaîne de nos traditions nationales : **Philippe VII — 98 ! Roi de France — 98 !**

« *Le Doigt de Dieu est là*, » comme dans tout ce qui précède. Ce serait, tout en prétendant me railler, me faire trop d'honneur que de me croire capable *d'inventer* un pareil *roman numérique*. Je n'invente pas, *je constate*, ce qui n'est pas la même chose. Que ceux qui croient à une telle flexibilité, ou mieux

Henri VI, âgé seulement de *six mois ;* mais sa mort prématurée empêcha probablement la ruine irrémédiable de la cause française, représentée par Charles VII.

(1) Les partisans de la branche aînée allèguent que Philippe V n'avait pas le droit de renoncer à la couronne de France. On ne peut pourtant pas forcer un prince à régner malgré lui, et Philippe V n'a pu transmettre à ses descendants un droit *qu'il n'avait plus.*

à une telle *complaisance* des nombres, fassent *la même démonstration en faveur du régime actuel ou de l'Empire*. Le public jugera.

Qu'ajouterai-je ? « *Dieu le veult.* » La France le voudra-t-elle ? L'électeur catholique comprendra-t-il enfin qu'il commet un *crime* dont Dieu lui demandera compte, en livrant pour un *petit verre* ou un *débit de tabac* aux sectaires républicains et à la Franc-Maçonnerie *sa patrie, sa religion* et *l'âme de ses enfants ?* Comprendra-t-il enfin qu'il ne saurait prétendre *régner un jour au ciel* avec Dieu, après l'avoir empêché par son vote de *régner sur la terre ?* Dieu ne se laissera pas *duper* ainsi.

Les sénateurs et les députés catholiques voudront-ils du moins s'unir sans réticences, sans arrière-pensées, pour *préparer les voies à la Monarchie*, en créant par leur entente sincère une force compacte sur laquelle le Roi puisse compter et s'appuyer quand sonnera l'heure de Dieu ? Les très honorables royalistes dont la fidélité a fait fausse route dans un moment de stupeur voudront-ils reconnaître loyalement, *comme moi-même*, (1) qu'ils se sont trompés ? C'est peu probable ; mais ce n'est pas une raison pour désespérer..... La France ne périra pas. Dieu ne demandait que dix Justes pour épargner Sodome, et les Justes en France s'appellent *Légion*. La France est à la tête des nations dans l'œuvre d'évangélisation du monde ; ses fils et même ses filles, soutenus par l'or de la charité française, s'en vont porter partout la divine parole, jusque dans les contrées les plus inhospitalières. Elle dépense à elle seule autant d'*argent*, de *zèle* et de *sang* que tous les peuples ensemble pour la diffusion de la vérité catholique, et les trente à quarante mille martyrs qui viennent de succomber au Tonkin, beaucoup par

---

(1) Sans aller aussi loin qu'eux, j'étais il y a deux ans plein de préjugés contre M. le Comte de Paris, et ce sont les nombres qui m'en ont débarrassé.

la faute de la France *officielle*, qui aurait pu les armer
à peu de frais et s'en servir contre les païens nos
ennemis, prient maintenant là-haut avec le Roi-Martyr
pour *l'autre* France, pour *celle qui paie le budget de
la charité*..... Espérons !.... Prions et faisons prier.
Demandons un *redoublement* de prières à nos prêtres,
à nos Religieux, à nos Religieuses, à nos « *vieilles
bigotes*, » à tous les soldats des armées de Marie, et
nous verrons dans deux ans s'il sera donné à la République d'éteindre à jamais ce foyer de charité et de
civilisation qui embrase et éclaire le monde, pour la
plus grande gloire de Dieu et le salut des infidèles, ce
qui arriverait infailliblement, si ce régime de malheur
devait durer.

X.

TROIS PROPHÉTIES.

Je termine par ces paroles, qui devraient faire tres-
saillir de joie et d'espérance tout cœur catholique, et
que j'emprunte à une femme illettrée, à Marie Lataste,
qui assure les avoir recueillies de la bouche de Notre
Seigneur, ou plutôt les avoir *entendues intérieurement*.
Voici comment s'exprime cette illettrée :

« France ! France ! combien tu es ingénieuse pour
» irriter et pour calmer la justice de Dieu ! Si tes
» crimes font tomber sur toi les châtiments du Ciel,
» *ta vertu de charité* criera vers le Ciel : Miséricorde
» et pitié, Seigneur ! Il te sera donné, ô France ! de
» voir les jugements de ma justice irritée, dans un
» temps qui te sera manifesté et que tu connaîtras
» sans crainte d'erreur ; mais tu connaîtras les juge-
» ments de ma compassion et de ma miséricorde et tu
» diras : Louange et remerciement, amour et recon-
» naissance à Dieu, à jamais, dans les siècles et dans
» l'éternité !

» Oui, ma fille, au souffle qui sortira de ma bouche,
» les hommes, leurs pensées, leurs projets, leurs

» travaux disparaîtront comme la fumée au vent... Ce
» qui a été pris sera rejeté, ce qui a été rejeté sera
» pris de nouveau... L'impiété fait ses préparatifs pour
» dresser son front orgueilleux et superbe dans un
» temps qu'elle ne croit pas éloigné et qu'elle veut
» hâter de tout son pouvoir. Mais, EN VÉRITÉ, JE
» VOUS LE DIS, *l'impiété sera renversée, ses projets*
» *dissipés, ses desseins réduits à néant*, A L'HEURE
» OU ELLE LES CROIRA accomplis et exécutés pour tou-
» jours. » (1)

Il n'est pas rare de rencontrer des catholiques qui
vous disent en se rengorgeant : « *Je ne crois pas aux
prophéties modernes.* » Il faut bien sacrifier un peu
à l'esprit frondeur du siècle. Eh bien ! je refuse, moi,
mon encens à l'idole, et déclare que je crois aux
paroles de Marie Lataste. J'ai tenu à les citer, malgré
le discrédit où sont tombées, surtout depuis la mort
de Henri V, les prophéties dites modernes, grâce sans
doute à des prophéties fausses ou mal interprétées, grâce
aussi à ce que l'on oublie trop que, sauf dans les
grandes circonstances, comme la naissance du Messie,
Dieu menace ou promet toujours sous conditions. Les
œuvres de Marie Lataste sont d'ailleurs approuvées,
et le prêtre du diocèse d'Aire chargé par son évêque
de les examiner écrivait à l'éditeur en 1862 : «..... Il y a
dans ces écrits un tel souffle d'inspiration, une telle paix,
une simplicité si douce, une onction si profonde, qu'à
mon avis, à la simple lecture, on doit y reconnaître
Dieu et son Esprit. »

Je dirai encore quelques mots d'une prophétie qui
n'est pas approuvée *(l'Eglise n'approuve jamais les
prophéties, et l'évêque d'Aire n'approuva en 1862 que
l'ensemble des écrits de Marie Lataste)*, mais où l'on
reconnaît facilement le souffle prophétique. C'est une
femme encore plus ignorante que Marie Lataste, c'est

(1) J'ai pris cette citation dans « *les Voix Prophétiques*, » de
M. l'abbé J.-M. Curicque, 4ᵉ édition, tome IIᵉ, pages 304 et 305.

une vieille servante, qui ne savait probablement pas lire, Madeleine Poisat, qui parle. Voici ce que Madeleine disait en 1869, à l'époque du Concile : (1)

« Ecoutez, mes enfants, ce que Marie, notre Mère,
» me charge de vous annoncer :
» Voici la fin des temps.
» Voici la fin du mal et le commencement du bien.
» Ce n'est pas un évènement ordinaire, c'est une
» grande époque qui va s'ouvrir : *la troisième.*
» Après le Père qui nous a créés pour le connaître,
» l'aimèr et le servir, après le Fils qui nous a sauvés,
» voici que le Père et le Fils, pour nous consoler, nous
» envoient leur Esprit triomphant, avec son Epouse
» Marie ! »

. . . .

Madeleine avait annoncé dès 1843, après une épreuve personnelle terrible, qu'il y aurait sept crises avant le triomphe. Elle donnait aux deux dernières les noms de **banqueroute universelle** *(crise commerciale)* et de **confusion,** et nous y sommes en plein, ou je ne m'y connais pas.

« Entre la sixième et la septième, » dit-elle, « pas
» de repos : le progrès sera rapide.
» 89 n'a renversé que la France ; ce qui vient va
» être le renversement du monde.
» *La septième crise aboutira à l'enfantement.*
» Le monde croira tout perdu, anéanti !.....
» Trouble immense sur la mer agitée.
» Tout ce qui n'est pas sur la Barque s'engloutit.
» La Barque fait çà et là.....
(Madeleine indique avec la main le mouvement d'une embarcation dans la tourmente.)
» Pierre, aie confiance ! l'Arche sort de la tempête,
» et la tranquillité se fait.
» Pie IX est *le dernier Pape de l'Eglise opprimée :*

____

(1) « *Voix Prophétiques,* » même tome, pages 386 et suivantes.

» Croix des Croix. A lui la douleur, et aussi la joie.
» *Après lui la délivrance.* Lumen in coelo : c'est l'œil
» de Marie.

. . . .

» Ce pauvre Satan ! *Il croit avoir tout lié contre*
» *Dieu ;* il n'a point lié Marie. Elle va l'attraper et lui
» écraser la tête sous le talon.

. . . .

» Voyez-vous ce champ, où il y a des plantes mau-
» vaises, toutes sortes de blés gâtés, avec quelques beaux
» épis ; c'est la société telle qu'elle est posée dans le
» mal.
» Que faut-il faire de cela ? Il ne faudrait pas laisser
» périr les belles âmes. Les belles âmes sont les beaux
» épis.
» Eh bien ! Marie va venir moissonner les élus de
» la terre. Quant aux âmes mauvaises, un grand évène-
» ment doit les effrayer, pour leur bonheur. Après quoi,
» la puissante Marie changera toute la société en beaux
» épis, tout deviendra bon.
» Les Pharisiens seront les derniers. Les grands bandits
» arriveront avant.
» Les Juifs, qui n'ont pas voulu reconnaître Jésus-
» Christ dans son abaissement, le reconnaîtront dans
» la venue glorieuse de Marie.
» Personne ne connaît les vues de la Providence
» sur nous ; si saint Augustin n'avait pas été un
» grand pécheur, eût-il été une aussi grande lumière
» pour l'Eglise ?
» Ce qui fait la gloire de Dieu, c'est de pardonner.
» Nous comprendrons cela bientôt...... Demandez à
» l'Enfant Prodigue ; vous croyez que l'Enfant Pro-
» digue va être damné, parce qu'il ne se lève pas
» pour aller vers son père lui demander pardon ? Oui,
» mais Marie le fera bien lever : une mère !
» La colombe vient à nous du ciel, portant sur son
» cœur une croix blanche, signe de la réconciliation,

» et agitant un glaive de feu, représentant de l'amour.
» Elle s'assied sur un trône d'or massif, figure de
» l'arche de Noé ; car elle vient annoncer la fin d'un
» déluge de maux.

. . . .

» Voici *l'Immaculée Conception du règne de Dieu*
» *(sur la terre)*, qui précède l'avènement de Jésus-
» Christ.
» C'est la maison de Dieu sur la terre qui va se
» purifier et se parer pour recevoir l'Emmanuel.
» Jésus-Christ ne peut point venir dans cette baraque
» du monde.
» Il faut que Dieu envoie son Esprit et qu'il renouvelle
» la face de la terre par une autre création, pour en faire
» une demeure digne de l'Homme-Dieu.
» Voici, après le feu d'en bas pour tout brûler et
» remuer, voici le feu d'en haut, l'amour, pour tout
» embraser et transfigurer !
» Je vois la terre planifiée ; ses abîmes s'élèvent, ses
» montagnes s'abaissent ; il n'y a plus que douces collines
» et belles vallées. »

. . . .

Conçoit-on un pareil langage chez une femme ignorante, et les adversaires des prophéties modernes se
chargent-ils de mieux dire ? Dieu veut de ces contrastes
qui servent à plusieurs fins, et les railleries dont la
pauvre servante a pu être victime ne prouveraient que
la sottise de leurs auteurs. N'est-ce pas à la faiblesse
ou à l'imperfection de l'instrument que l'on mesure la
puissance de Celui qui en tire de si magnifiques accents ?
De ces deux remarquables prophéties qui s'accordent si
bien avec mes prévisions numériques, je veux encore en
rapprocher une troisième et dernière, celle de saint Mala-
chie, archevêque d'Armagh, relative au pontificat de
Léon XIII : « *Lumen in Cœlo.* » N'avons-nous pas pour
garantie de l'accomplissement de celle-ci l'accomplisse-

ment de celle relative à Pie IX : « *Crux de Cruce* » ? Comment faut-il entendre l'autre ?

S'agirait-il d'un *signe lumineux* qui paraîtrait dans le ciel, de quelque chose comme « *le grand évènement* » dont parle Madeleine ? Nul ne le saurait dire d'avance ; mais je suis convaincu que les jours de la Libre-Pensée et de son père le Protestantisme sont comptés, et que notre génération verra l'un et l'autre se fondre comme neige sous les feux du soleil de la vérité catholique. Je suis convaincu que notre génération verra l'Orient et l'Occident sceller dans un solennel baiser de paix leur réconciliation définitive sur les ruines des fausses religions : (1) « *Et fiet unum ovile et unus Pastor.* »

(1) On lisait dernièrement dans *le Courrier de Turin* :

« Un mouvement consolant s'accentue de plus en plus parm les peuples Slaves du Sud vers la vérité catholique, et bon nombre de Slaves se rapprochent de l'Eglise romaine. »

Monseigneur Géraïgiry, évêque de Banéas (Syrie), écrivait le 24 décembre à *la Revue de l'Eglise Grecque unie* : «.... Les moissons mûrissent : bientôt je pense vous donner des nouvelles réjouissantes. Dès aujourd'hui je vous dis que pendant ce mois nous avons reçu plus de cent âmes dans notre communion. *Des paroisses entières s'apprêtent à venir bientôt.* »

Enfin un schismatique écrivait dernièrement de Bucharest à *l'Acropolis* d'Athènes : « Les progrès du Catholicisme en Roumanie sont effrayants ; dans toute la Roumanie, où il n'y avait précédemment que des orthodoxes, la statistique présente aujourd'hui une augmentation effrayante d'églises et d'écoles catholiques. Déjà toutes les villes de Roumanie comptent des communautés catholiques ferventes. Dans la capitale même on demeure stupéfait en voyant l'église la plus belle et la plus vaste de la ville appartenir aux catholiques, avec quatre écoles et deux autres églises succursales....., et nous pourrions, dans quelques années, voir la Roumanie tout entière devenue catholique. »

Si ce mouvement de retour se généralise, l'empire russe pourra-t-il longtemps s'y soustraire ? Et si *le Triomphe de l'Immaculée Conception* achève la réconciliation des Eglises d'Occident et d'Orient, la négation protestante, née de l'orgueil et

En attendant cet heureux évènement, je dis aux libre-penseurs : *Au centenaire*, Messieurs, et riront bien ceux qui riront les derniers.

XI.

POST=SCRIPTUM.

Le lecteur aura sans doute remarqué que je ne me suis occupé que des deux apparitions niées par M. Goblet, et il désire probablement savoir pourquoi j'ai négligé les autres. La Sainte Vierge est en effet apparue à Pontmain le 17 janvier 1871, et *peut-être au Franken-berg*, en Alsace, les 7 juillet 1872 et jours suivants. Marie serait ainsi apparue quatre fois *solennellement* en moins de vingt-sept ans, si la dernière est vraie, et j'appelle ces quatre apparitions solennelles *le quadrila-tère de l'Immaculée Conception*. Mais les deux dernières ne se justifient pas exclusivement par le nombre comme les deux autres, quoique Marie ait établi sur le nom des frères *Barbedette*, de Pontmain, qui l'aperçurent les premiers, ce que j'ai appelé une égalité numérique *d'allu-sion*, comme elle fit à la Salette et à Lourdes (**Barbedette** égale **82**, comme **Immaculée** égale **82**). Les deux premières regardent M. Goblet, et les deux autres M. de Bismark.

Frankenberg signifie-t-il *montagne des Prussiens* ou *montagne des Français ?* Je m'en rapporte sur ce point à M. de Bismark. Mais M. de Bismark se récriera sans doute en disant que je me sers d'une apparition fausse ; il n'en est point de vraie pour lui. Alors, pourquoi a-t-il pris la peine de mettre l'armée prussienne en mouvement à cette occasion ? M. de Bismark, qui veut *conserver aux Français les bienfaits du régime républicain, pour*

de l'impudicité d'un moine défroqué, pourra-t-elle en imposer plus longtemps à la crédulité publique et se faire accepter comme *l'Eglise établie par Jésus-Christ ?*

avoir l'occasion de s'en plaindre, part donc aussi en guerre contre les fantômes !

Au surplus, je reconnais que la cause est pendante. Je *plaide pour* ; M. de Bismark peut *plaider contre* ; mais, en attendant une sentence qui pourrait venir en d'autres temps, j'ai le droit de renouveler ma question à M. de Bismark : « *Frankenberg* signifie-t-il *montagne des Prussiens* ou *montagne des Français ?* »

J'arrive à l'apparition de Pontmain, authentique celle-là. C'était le 17 janvier 1871, et M. de Bismark se rappelle sans doute ce qui se passa à Versailles ce jour-là. En tous cas, les Français se rappelleront long-temps cette scène aussi flatteuse pour l'orgueil prussien qu'humiliante pour notre fierté nationale. Pendant que Sa Majesté le Roi de Prusse acceptait, dans *le palais de Louis XIV*, la couronne d'*Empereur d'Allemagne* que lui offraient les délégués des Etats confédérés, Marie se souvenait de son royaume en *deuil* et descendait à Pontmain, au diocèse de Laval, près des limites de la Bretagne. « Un *voile noir* lui cachait entièrement les cheveux, les oreilles et le haut du front, et descendait des épaules jusqu'aux coudes. » (1) Ce voile de deuil était surmonté de *la couronne de Reine.... de France.* Vous *protestiez*, ô Marie, et il y a encore des Français qui vous méconnaissent et vous insultent, au lieu de verser des larmes d'amour et de reconnaissance pour tant de bonté ! Mais pardonnez-leur, « *car ils ne savent ce qu'ils font.* » (2)

Je ne puis décrire ici ces admirables scènes de Pontmain, rapportées dans le beau livre de M. l'abbé Cu-ricque, (3) et me bornerai à parler de cette inscription merveilleuse qui semblait tracée par une main invisible, *lentement et lettre par lettre*, au fur et à mesure que

(1) *Voix Prophétiques*, tome 1, page 212.

(2) *Nesciunt enim quid faciunt.*

(3) Pages 220 à 232.

l'on priait, admirable preuve de l'efficacité de la prière !
Cette inscription, placée sur un tableau long de douze
mètres au-dessous de l'apparition, commençait, chose
étonnante, par le mot *mais* : « .... *Mais
priez, mes enfants*. DIEU VOUS EXAUCERA EN PEU DE TEMPS.
Mon Fils se laisse toucher. »

L'armistice qui précéda la paix fut en effet conclu
quelques jours après ; mais ce serait une grande erreur
de croire que ce soit là *tout* l'accomplissement de la
promesse de Marie. L'affreuse Commune déchaîna ses
fureurs le 18 mars suivant, et la France a été rarement
plus malheureuse que depuis l'évènement de Pontmain.
Nous ne sommes donc pas encore exaucés. Seize à
dix-huit ans sont bien « *peu de temps* » pour le Dieu
de l'éternité et pour Marie, et la France verra bientôt,
si elle sait prier, l'accomplissement intégral de leurs
promesses. En attendant, M. de Bismark fera bien de
se souvenir que la Sainte Vierge, *voilée de noir et
couronne en tête*, vint visiter *son* royaume de France le
jour où Sa Majesté le Roi de Prusse se faisait couronner
Empereur d'Allemagne dans *le palais de Louis XIV !*
Qu'y avait-il de sous-entendu devant le *mais* de l'inscription ?

La France, au surplus, je parle de la France chrétienne, ne demande qu'à vivre en paix avec l'Empire
d'Allemagne. Les Républiques passent, les chanceliers
aussi, et les nations demeurent, les nations qui fini-
ront bien par s'apercevoir un jour qu'elles ont mieux
à faire qu'à se consumer en armements pendant la paix
pour s'entr'égorger pendant la guerre. La Prusse, mieux
conseillée, s'apercevra que M. de Bismark et M. de
Moltke lui ont fait faire une sottise à la fin de la guerre
de 1870. On négociera, peut-être même entre princes
catholiques, et la question irritante sera résolue amia-
blement, grâce à la médiation du Pape. Je dis grâce à la
médiation du Pape ; car l'heure est proche où l'Europe
devra forcément recourir à cette médiation, sous peine

de finir dans « le sang et l'imbécillité. » Que les hommes fassent encore pendant vingt-cinq ans des progrès dans l'art de s'entre-tuer, et le monde devra brûler ce qu'il a adoré et revenir franchement au Christ, pour éviter de retourner à la barbarie. Et que serait-ce dans un siècle ? Il faut que la force morale remplace la force brutale, et la force morale ne peut venir que de Rome. Il faut, en un mot, *le triomphe de l'Immaculée Conception*, afin que les Puissances, redevenues catholiques, règlent leurs rapports avec le Saint-Siège sur les bases suivantes : *Indépendance* dans les questions politiques, *déférence* filiale dans les questions mixtes, *soumission* absolue dans les questions religieuses, et reconnaissance *spontanée* du Pontife romain comme *juge de paix* international.

Quels beaux jours se lèveraient encore pour le monde, si cette haute et paternelle judicature devenait l'objet d'un traité solennel entre les nations européennes, et heureuses en tous cas *celles qui entreront les premières dans cette voie !* C'est alors que le rêve humanitaire de la paix universelle pourrait devenir une réalité féconde, et que l'abolition de la conscription rendrait la joie et l'aisance aux familles, la prospérité aux peuples.

Hâtons donc par nos prières « *le Triomphe de l'Immaculée Conception*, » ou du moins rendons-le plus complet, plus magnifique, car l'heure en paraît fixée. La date de l'ouverture de « *la troisième époque*, » comme dit Madeleine, ou du « *sixième âge de l'Eglise*, » (1) suivant le vénérable Barthélemy Holzhauser, peut avoir été fixée dès le commencement du monde, comme celle de l'ouverture de « *la deuxième*. » Les prières adressées au Ciel depuis la prophétie de Daniel jusqu'à la venue du Messie firent-elles avancer d'une seconde la naissance du Sauveur du monde ? Non, mais il n'en est pas moins vrai que toute prière qui monte

____

(1) L'église de *Philadelphie* de Saint-Jean-l'Evangéliste.

vers le Ciel en fait retomber sur la terre une pluie de bénédictions.

Demandons donc à Dieu « *que sa volonté soit faite sur la terre,* » et que « *son règne arrive.* » Demandons-lui par Marie qu'il détourne ou amoindrisse les fléaux dont nous sommes menacés. Paris, qui, suivant certaines prophéties, devait être « détruit, » n'a été qu'à demi-brûlé en 1871. La prière persévérante à Marie peut tout empêcher. Les enfants de Pontmain virent son image *grandir de moitié* pendant la récitation du chapelet, signe évident du *pouvoir sans limites* que la prière persévérante lui donne sur le cœur de Dieu. « *Tout dans l'Eglise se fait par Marie,* » dit saint Bernard ; usons donc du chapelet, sans craindre d'agrandir trop Marie et son pouvoir sur le cœur de Dieu, sans craindre de rendre trop beau, trop magnifique « *le triomphe de l'Immaculée Conception.* »

Je termine par cet *appel* que Mélanie, la bergère de la Salette, met dans la bouche de Marie (*Lettre du 30 janvier 1870*) :

« J'adresse *un pressant appel* à la terre ; j'appelle
» les disciples du Dieu vivant et régnant dans les
» cieux ; j'appelle les vrais imitateurs du Christ fait
» homme, le seul Sauveur des hommes ; j'appelle mes
» enfants, mes vrais dévots, ceux qui se sont donnés
» à moi, pour que je les conduise à mon divin Fils,
» ceux que je porte pour ainsi dire dans mes bras,
» ceux qui ont vécu de mon esprit. Enfin, j'appelle
» les apôtres des derniers temps, les disciples de Jésus-
» Christ qui ont vécu dans le mépris du monde et d'eux-
» mêmes, dans la pauvreté et l'humilité, dans le mépris
» et le silence, dans l'oraison et la mortification, dans
» la chasteté et l'union avec Dieu, dans la souffrance,
» et inconnus au monde. Il est temps qu'ils sortent et
» viennent éclairer la terre.

» Allez et montrez-vous comme mes enfants chéris ;
» je suis avec vous et en vous, pourvu que votre foi

» soit la lumière qui vous éclaire dans ces jours de
» malheurs, et que votre zèle vous rende comme des
» affamés pour l'honneur et la gloire du Dieu Très-
» Haut ; combattez, *enfants de lumière, vous, petit*
» *nombre qui y voyez* ; car voici LE TEMPS DES TEMPS,
» LA FIN DES FINS.

» Il est temps. Le soleil s'obscurcit.......... l'abîme
» s'ouvre....... voici le roi des ténèbres ; *voici la bête*
» *avec ses sujets.* » (1)

XII.

NOTE JUSTIFICATIVE TRÈS IMPORTANTE. — SUPERSTITION ET FATALISME. — ENCORE LA GUERRE ET LE CHAPELET ET LEUR EXPRESSION NUMÉRIQUE. LE CHRIST ET L'IMMACULÉE, ETC.

J'ai promis de me justifier du reproche de superstition, et je viens dégager ma promesse. Certains leclecteurs pourraient, en effet, tout en me donnant raison pour l'ensemble, craindre que je ne me sois laissé entraîner trop loin dans certains détails, par exemple, en tenant compte des 41 drapeaux français livrés à Sedan et des 41 mille hommes demandés par M. de Bismark ou des 321 voix obtenues par M. Floquet pour la présidence. Il serait assurément puéril et même superstitieux de scruter tous les votes de nos députés pour en tirer argument numérique ; mais le lecteur qui se placera à mon point de vue admettra facilement que Dieu a bien pu vouloir, au début de la dernière session ou d'une des dernières sessions de la dernière législature républicaine, marquer numériquement sa volonté d'accorder prochainement « *le Triomphe de l'Immaculée Conception.* »

Toute règle souffre exception, et l'Eglise, qui défend avec raison d'ajouter foi aux songes, n'en tient pas moins pour fondés ceux de Joseph, du Pharaon

(1) « *Voix Prophétiques*, » tome Ier, page 110.

d'Egypte, etc. « *L'homme s'agite et Dieu le mène,* » sans jamais lui enlever la liberté de choisir entre le bien et le mal. Voter pour M. Floquet n'est pas un mal, et Dieu, pour compléter le nombre 321, a bien pu inspirer à quelques députés de voter ainsi. Il n'y a, à le croire, ni superstition ni fatalisme ; c'est rendre hommage à la Providence divine.

Mais vous avez, me dira-t-on, assigné une date au moins approximative au triomphe de l'Immaculée Conception. Vous prétendez donc lier Dieu lui-même ? — Pourquoi Dieu a-t-il fixé à telles et telles dates les apparitions de la Salette et de Lourdes, l'élection de Léon XIII, etc., et donné une clé numérique pour déchiffrer l'énigme des opérations divines ? Dieu s'est mis volontairement dans le cas d'un homme qui, sur le point d'entreprendre un voyage, aurait fait connaître à ses voisins la date de son départ ; il n'est lié qu'autant qu'il a voulu l'être. J'ai déjà expliqué que la date du triomphe de l'Immaculée Conception est probablement fixée depuis longtemps, comme le fut celle de la naissance du Messie : ce sont des dates *cardinales* du plan divin, et tout le reste y est subordonné.

« Et 1887 ? Nous aurions donc la guerre *civile* ou *étrangère* cette année, parce que le nombre **87** signifie **la Guerre** ? » — C'est tout le contraire de ma pensée, que voici : Le nombre **87** signifie entre autres choses **la Guerre,** parce que Dieu a prévu que nous aurions la guerre, ou du moins que nous en serions menacés en 1887. Dieu, *en veillant dans la mesure nécessaire,* comme je l'ai dit, *sur la formation de notre langue,* a voulu que le mot répondant au *bellum* des Latins, au *polemos* des Grecs, etc., que le mot *guerre* en un mot fût écrit de manière à avoir, *avec l'article féminin,* le nombre 87 pour valeur numérique. C'est ainsi encore qu'il a voulu que le *préservatif* de la guerre, le **Chapelet,** eût la même expression numérique, **87.** Pourquoi ? Pour nous enseigner qu'il dépend de nous de détourner les fléaux de la guerre civile et de la guerre étrangère, ou au moins de nous assurer la victoire en cas de conflit inévitable, en nous servant à temps d'une arme également inutile aux protestants allemands et à nos modernes Albigeois. Mais les libre-penseurs riront de notre simplicité et nous traiteront de fous et de fanatiques ? Fous et fanatiques, soit, mais en bonne compagnie. Comment ! le Saint-Père attend *avec raison* des prières pour l'Eglise la victoire sur la Révolution et sur l'invasion piémontaise, et nous ne pourrions, nous, catholiques français, attendre de la prière pour la France la victoire sur la Révolution, et au besoin sur l'invasion allemande ! C'est pourtant logique cela, ou je ne m'y connais guère.

Je ne puis, il est vrai, imposer à personne comme dogme de foi mes convictions personnelles, ni faire que la démonstration numérique établie sur les dates des apparitions de la Salette et de Lourdes, etc., soit une preuve irréfragable de la chute prochaine de la République ; nul ne sait au juste, j'en conviens encore, *ce que Marie a promis à Pontmain ;* mais ce que je peux, ce que tout catholique peut affirmer comme moi, *c'est que les promesses de Marie concernent la France, c'est qu'elles ne sont pas entièrement accomplies,* et qu'elles s'accompliront si nous le voulons.

Méprisons donc les railleries de la libre-pensée, et croyons-en plutôt Marie que de pauvres aveugles ; rappelons-nous à propos, au début de cette année grosse de menaces, les paroles qu'elle nous a adressées à Pontmain le 17 janvier 1871 : «............ MAIS PRIEZ, MES ENFANTS ; DIEU VOUS EXAUCERA EN PEU DE TEMPS.

Prions donc pour l'Eglise et pour la France. Que ne pourrait-on pas légitimement espérer, pour l'une comme pour l'autre, si des millions et des millions de catholiques, si des millions de Français, sans négliger *le bulletin de vote* et les autres moyens humains, faisaient réso-

lùment la sainte, redoutable et insaisissable *conspira-
tion......* *de la prière, de l'aumône et autres bonnes*
œuvres !

3 Mars.

Aujourd'hui, 3 mars, au moment où je suis prêt à
faire faire un premier tirage très restreint de cette
brochure, qui est entièrement composée, le nouveau
Reichstag allemand s'assemble pour la première fois
et va probablement voter pour sept ans les 41 mille
hommes exigés par M. de Bismark. « Le chancelier de
fer » aurait, dit-on, inventé son *septennat* militaire
pour assurer le maintien de la paix extérieure, comme
nos politiciens inventèrent le septennat civil pour assurer la paix intérieure. Il est malheureusement à craindre
que l'un et l'autre septennats ne ressemblent beaucoup
au fameux cheval de Troie, qui portait la guerre dans
ses flancs ; mais le vote du septennat, les instances du
Souverain Pontife et l'attitude réservée de la Russie
vont gêner considérablement M. de Bismark, s'il est vrai
qu'il entretienne secrètement des idées belliqueuses.

Soyons donc sans illusions, mais sans craintes exagé-
rées, nous rappelant à ce propos que si le *premier*
nombre de la formule numérique, **41**, signifie **Sang**, il
signifie aussi **Menace**. Ayons confiance dans le résultat final des prières publiques ou privées, quand même
tout semblerait perdu. Il est un troisième *septennat*
ignoré ou dédaigné de la Libre-Pensée, mais béni de
Dieu et des saints protecteurs de la France, *le septennat de pénitence*, qui prendra fin au printemps de l'année
prochaine, avec le 7me pèlerinage français en Terre-
Sainte, et ce 7me pèlerinage pourrait bien nous apporter
enfin le salut. Qui sait même si ce ne sera pas un
voyage d'actions de grâces, et si cette année 1887, qui a
commencé dans la tristesse causée par les bruits de
guerre, *ne finira pas dans la jubilation*, avec *le jubilé*
sacerdotal de Léon XIII, qui sera précisément célébré
le 31 décembre ? La détente qui se manifeste déjà dans

la situation européenne pourrait bien être un *acompte* sur les miséricordes attachées aux prières *promises* dont je parlerai tout-à-l'heure. Gardons-nous bien de juger comme le monde, qui élimine follement la Cause Première et n'attend les biens comme les maux que des causes secondes.

Un dernier mot. Je n'ai parlé dans ces pages que de Marie, parce que je décrivais *le Triomphe de l'Immaculée Conception*. Mais, parler de la Mère, n'est-ce pas parler du Fils, quand il s'agit de Jésus et de Marie ? Jésus et Marie ne font qu'un cœur et qu'une âme, et la nouvelle Eve peut dire en toute vérité du nouvel Adam, comme le premier Adam disait de sa compagne en la voyant pour la première fois : « Voici la chair de ma chair, l'os de mes os, » un autre moi-même. A part *la divinité du Fils*, il n'y a nulle différence, même numérique, entre **le Christ**, 94, et **l'Immaculée**, 94. C'est une vérité physique et dogmatique à la fois que **le même sang**, **94**, coula dans leurs veines, que le sang qui a sauvé le monde est *le sang de Marie*, sans aucun mélange, dans sa virginale pureté. L'union est si intime entre le **Sacré-Cœur de Jésus**, **208**, et **l'Immaculée-Conception**, **208**, que le triomphe de la Mère est le triomphe du Fils, comme le sacrifice du Fils fut le sacrifice de la Mère sur la montagne ensanglantée du Golgotha.

Je m'arrête, croyant en avoir dit assez pour éclairer les âmes de bonne foi et ranimer dans les cœurs catholiques le feu sacré de l'espérance. Un jour que Notre Seigneur traversait le lac de Génézareth avec ses disciples, la barque qui les portait fut assaillie par une violente tempête qui menaçait de tout submerger, « *et Jésus dormait*, » dit l'Evangile. Il en est de même à l'heure présente. Le vaisseau de l'Eglise, battu par une tempête quasi-séculaire, paraît près de sombrer, aux applaudissements de la Franc-Maçonnerie, « *et Jésus dort*, » ou plutôt semble dormir ; mais *Marie est à la barre....... en vue du Port*, et ce n'est pas le moment de s'abandonner au désespoir. Courage et confiance !..... à condition de nous soumettre aux expiations que Dieu et Marie doivent attendre de nous en cette année 1887, marquée pour de grands évènements. **La guerre** ou **le chapelet, 87** ; le chapelet, c'est à dire *la prière* et *la pénitence*, la prière demandée par Marie à Pontmain, la pénitence demandée par elle avec tant d'instances à Lourdes. Que si nous comptions les années, non plus suivant l'ère vulgaire, mais suivant *la véritable* ère chrétienne, à partir du 25 décembre 747 de Rome (au lieu de 753), ce serait toujours la même chose : nous sommes dans la 1893me année de l'ère chrétienne, et le nombre **93** signifie **châtiment** *(imposé)* ou **passion** *(volontaire)*. Aussi voyez de quelle maternelle sollicitude *la Providence* divine nous entoure en ces jours critiques : après les trésors de grâce versés sur les fidèles par le Jubilé de 1886, voici qu'un Jubilé d'un autre genre, le Jubilé sacerdotal de Léon XIII, provoque dans le monde en cette *année décisive* un immense mouvement religieux, dont *le Journal de Lourdes* du 25 février va nous donner une idée approximative pour la France. A cette date on avait enregistré à la grotte, à titre *d'offrandes spirituelles au Saint-Père*, les promesses suivantes : Communions : 86,571 ; Messes : 102,888 ; Chapelets : 223,167 ; Bonnes Œuvres : 494,350.

Ces chiffres seront probablement doublés pour la France, et le nombre des chapelets pourrait être centuplé par une active propagande. Et il y aurait des catholiques assez ignorants pour douter du résultat de cet effort suprême, *s'il était ce qu'il devrait être en France et partout !* Ne vaudrait-il pas autant dire tout crûment que la religion est un mensonge ? Ce serait plus simple, plus logique et plus franc.

Il ne me reste plus qu'à tirer la conclusion *numérique* de la véritable date (1) de la naissance de Notre Seigneur

(1) Tout le monde sait depuis longtemps que Denys-le-Petit,

(25 décembre 747 de Rome). C'est une vérité évidente pour tout chrétien de bon sens que l'extension de la domination romaine aux trois parties du monde connu des anciens fut *la préparation providentielle* du règne du Messie ; et parmi les signes de l'action providentielle à cette époque de préparation, un des plus remarquables, à mon avis, fut l'établissement du *premier calendrier solaire régulier* par Jules César, à partir du 1ᵉʳ janvier 708 de Rome : *c'était le signe de l'approche des Temps.* Or, le Sauveur du monde est né à la fin de la **39**ᵐᵉ année depuis l'établissement du calendrier Julien, et il est mort dans sa **39**ᵐᵉ année et dans la **39**ᵐᵉ de l'ère chrétienne. Il était **Dieu**, **39** ! Juifs obstinés, Celui qui voulut naître d'une Vierge, dans une étable de Bethléem, le 25 décembre de l'an 747 de Rome, Celui que vos pères crucifièrent ignominieusement *entre deux voleurs*, le vendredi 3 avril 786 de Rome, le **93**ᵐᵉ jour de l'année, **Passion !**... (1) — Puisse la vue prochaine du *Triomphe de l'Immaculée Conception* vous faire enfin reconnaître votre erreur dix-neuf fois séculaire et chanter de bonne grâce avec nous dans l'allégresse :

CHRISTUS VINCIT, IMPERAT, REGNAT !

LE CHRIST EST VAINQUEUR, IL COMMANDE & IL RÈGNE ! (2)

s'appuyant sans doute sur une erreur de saint Luc, ou d'un *copiste* de saint Luc, commit une erreur de plusieurs années en établissant l'ère vulgaire. Je suis convaincu que l'erreur est de six ans, et me crois à même d'en donner des preuves aussi précises que concordantes.

(1) Nous avons déjà vu que le nombre **93** signifie **Passion**.

(2) Si je garde l'anonyme jusqu'à la publication de la brochure entière, j'y suis autorisé par le soin avec lequel je me suis abstenu d'attaquer personne dans sa vie privée.

Saint-Malo : Imprimerie-succursale J. BAZOUGE, rue de Toulouse.